CHRISTINA WIEDEMANN

Spiralize it!

MIT FOTOS VON KLAUS ARRAS

SPAGHETTI AUS GEMÜSE UND OBST

Edition
Fackelträger

EINLEITUNG 6

ROH 14

KOCHEN, DÜNSTEN & POCHIEREN 40

BRATEN & AUSBACKEN 60

BACKEN 88

REGISTER 110

––– EINLEITUNG

Spiralize it!

Gemüsenudeln – lange Spiralen, dünne und dicke Spaghetti sowie Bandnudeln aus Gemüse – sind der neue Trend in der Küche. Sie sind einfach herzustellen, schmecken lecker und haben kaum Kohlenhydrate und Kalorien. Und auch optisch sind sie für jedes Gericht eine Bereicherung!

Der bereits seit langem anhaltende Trend der kohlenhydratarmen Ernährung hat den Klassiker unter der gesunden Pasta, die Zucchininudeln – Zoodles genannt – auch in den heimischen Küchen bekannt gemacht. Der Begriff Zoodles steht dabei für Zucchini und Noodles (englisch für Nudeln). Die sogenannten Zoodles lassen sich wie normale Nudeln verwenden und werden mit verschiedenen Saucen kombiniert. Vor der herkömmlichen Nudel aus Weizenmehl muss sich die Gemüsepasta nicht verstecken. Im Gegenteil! Kombiniert mit den richtigen Zutaten wird aus den Gemüsenudeln ein feiner Gaumenschmaus. Auch Möhren, Gurke, Kohlrabi, Rote Bete, Kürbis oder Brokkoli können zu Nudeln verarbeitet werden. Die Gemüsenudeln schmecken warm oder kalt und machen auch in Suppen, Aufläufen oder Eintöpfen eine gute Figur. Und auch aus Obst, wie beispielsweise Äpfel, Birnen oder Quitten, lassen sich Nudeln herstellen. Aromatische Obstpasta lässt sich prima mit Gemüsenudeln kombinieren, aber auch solo sorgt sie für ein fruchtiges Geschmackserlebnis und ist optisch immer ein Highlight.

Für die neuen Nudeln wird Gemüse oder Obst direkt mithilfe eines Spiralschneiders zu langen Spaghetti verarbeitet. Sobald Sie den Dreh raushaben, können Sie Ihrer Kreativität freien Lauf lassen und mit verschiedenen Gemüse- und Obstsorten experimentieren. Noch nie war bewusste und gesunde Ernährung so einfach und formschön wie mit den Gemüsenudeln.

Gemüsenudeln – gesunder Genuss!

Die feine Gemüsepasta ist nicht nur optisch eine Augenweide, die mit ihren Spiralen jedes Gericht aufpeppt und für Staunen bei den Gästen sorgt. Gemüsenudeln liefern auch jede Menge Vitalstoffe und haben, im Gegensatz zur Pasta aus Hartweizengrieß, kaum Kohlenhydrate, kein Gluten und weniger Kalorien. Gemüsepasta eignet sich zudem perfekt für alle Ernährungsformen mit Trend-Faktor wie die vegane Ernährung, Low Carb, Raw Food und die Steinzeitkost Paleo. Auch für Menschen mit Glutenunverträglichkeit sind die Gemüsespaghetti ideal und eine prima Alternative zur traditionellen Spaghetti, da sie vollkommen glutenfrei ist.

Zur Herstellung der Gemüsepasta verwenden Sie am besten frisches Obst und Gemüse aus biologischem Anbau. So versorgen Sie Ihren Körper mit dem Optimum an Vitalstoffen. Wer dabei darauf achtet, Gemüse und Obst möglichst in ihrer Saison regional beim Bauern in der Nähe zu kaufen, der leistet zudem einen wichtigen Beitrag für die Umwelt.

Generell gilt: Mit den Gemüsenudeln können Sie einfach und unkompliziert mehr Gemüse in Ihre Ernährung integrieren und nach Herzenslust gesund schlemmen.

Welche Geräte eignen sich?

Auf dem Markt sind verschiedene Modelle erhältlich, die das Gemüse ganz einfach in Pastaform bringen.

Sparschäler

Mit einem herkömmlichen Sparschäler lassen sich Gemüsesorten wie Zucchini, Möhren oder Rettich in Pasta verwandeln. Dazu das Gemüse gegebenenfalls halbieren und/oder vierteln. Mit dem Sparschäler in breite Streifen schneiden. Entweder als breite Bandnudeln verwenden oder mit einem scharfen Messer in dünne Streifen schneiden. Darüber hinaus gibt es auch Sparschäler, die bereits Julienne-Streifen schneiden. So können Sie mit etwas Arbeitsaufwand direkt kürzere Gemüsespaghetti herstellen.

Spiralschneider in Sanduhrform

Das kleine Gerät liegt gut in der Hand und erinnert in seiner Form an eine Sanduhr. Das Gemüse wird wie bei einem Bleistiftspitzer per Hand zu besonders langen Spaghetti gedreht. Dabei gibt es bei dem Spiralschneider die Wahl zwischen einem feineren oder einem breiterem Messer. Für die trichterförmige Öffnung sind allerdings nur klassische Gemüsesorten mit einer länglichen Form wie Zucchini, Möhre oder Gurke geeignet. Runde und große Obst- und Gemüsesorten wie Apfel, Rote Bete oder Süßkartoffel haben keine Chance, da die Öffnung zu klein ist. Die Klingen sind besonders scharf und können gefährlich für die Finger werden. Deshalb ist es sinnvoll, den Schneider mit einem Gemüsehalter zu erwerben. Dieser sorgt für einen sicheren Halt und ein effizientes Verwenden des Gemüses, sodass wenig Gemüsereste übrig bleiben. Bei großen Mengen Zucchini kann das Drehen auf Dauer etwas anstrengend werden. Da der Spiralschneider mit seiner zylindrischen Form klein und handlich ist, kann er platzsparend aufbewahrt werden. Ferner lässt er sich einfach und unkompliziert reinigen. Wer sich erst einmal durch die klassischen Gemüsesorten probieren möchte und eine sportliche Herausforderung nicht scheut, der kann sich guten Gewissens für diesen Spiralschneider entscheiden.

Spiralschneider mit Kurbel

Der etwas eckige Spiralschneider mit Kurbel benötigt aufgrund seiner Größe mehr Platz in der Küche. Dafür enthält er verschiedene Messereinsätze, mit denen dünne und dicke Spaghetti sowie breite Streifen hergestellt werden können. Ferner lassen sich die Messereinsätze sicher und platzsparend im Gerät aufbewahren. Die rutschfesten Füße sorgen für einen sicheren Stand. Die Reinigung ist etwas aufwendiger. Dafür lassen sich ruckzuck und mühelos fast alle Gemüse- und Obstsorten, deren Konsistenz es erlaubt, zu dekorativen langen Nudeln verarbeiten. Das Gemüse oder Obst wird zwischen Messereinsatz und Kurbel fixiert und lässt sich je nach Größe und Form anpassen. Mit leichtem Druck und wenigen Kurbeldrehungen zaubert der Spiralschneider sogleich lange Gemüsenudeln. Lediglich ein schmaler Strunk und eine dünne Gemüsescheibe bleiben übrig.

Mit diesem Spiralschneider lassen sich im Handumdrehen wunderschöne lange Obst- und Gemüsenudeln herstellen, für Liebhaber von Gemüsepasta ist er deshalb unverzichtbar.

Tipp für Obst- und Gemüsereste

Mit den Spiralschneidern bleiben zwar nur wenig Obst- und Gemüsereste übrig, aber wer diese nicht wegwerfen möchte, der kann sie als Rohkost einfach zwischendurch knabbern. Alternativ können Sie die Reste auch klein schneiden und in den Gerichten mitverarbeiten.

Was muss ich beim Verarbeiten beachten?

Nicht jedes Obst und Gemüse eignet sich zum Herstellen von Nudeln. Manche Sorten haben einfach nicht die richtige Struktur und es entsteht nur undefinierbares Gemüsemus.

Folgende Punkte geben einen Überblick, worauf Sie bei der Auswahl von Obst und Gemüse achten sollten, um schöne und lange Nudeln herzustellen:

Festes Fruchtfleisch: Sorten mit fester Struktur lassen sich besonders gut zu schönen Gemüse- oder Obstnudeln schneiden, wie zum Beispiel Zucchini, Möhren, Rote Bete, Rettich, Süßkartoffel oder Quitte. Sorten mit weicherem Fruchtfleisch wie Aubergine oder Kaki lassen sich mit etwas Fingerspitzengefühl ebenfalls zu Nudeln verarbeiten. Sorten mit weichem Fruchtfleisch wie Banane oder Kiwi eignet sich dagegen nicht.

Großer Durchmesser: Dicke, möglichst gerade Früchte sind ideal für lange Gemüsenudeln. Bei Wurzelgemüse wie Pastinake oder Petersilienwurzel ist es wichtig, dass Sie das dünne Ende großzügig abschneiden. Wenn die Früchte im Durchmesser zu klein sind, können sie nicht richtig im Spiralschneider fixiert werden und auch der Sanduhr-Schneider hat damit seine Probleme.

Lange Exemplare: Die Länge ist entscheidend dafür, dass das Gemüse anschließend zu langen Spaghetti geschnitten wird. Kurze Gemüsesorten verarbeitet der Spiralschneider nur zu kleinen Kringeln, der Gemüseschneider in Sanduhrform kann kurzes Gemüse gar nicht verarbeiten, beziehungsweise stellen dann die scharfen Messer eine Gefahr für die Finger dar.

Kerne, Kerngehäuse sowie Hohlräume: Obst und Gemüse mit Kernen und Hohlräumen wie beispielsweise Papaya, Melone, Paprikaschote oder Hokkaido-Kürbis lassen sich nicht zu Spiralen verarbeiten. Äpfel oder Birnen dagegen sind geeignet, da das Kerngehäuse als Strunk übrig bleibt und die Kerne beim Drehen herausfallen.

Mittig fixieren: Das Obst und Gemüse mittig am Messereinsatz fixieren, damit auch lange Spaghetti entstehen. Bei krummem Gemüse gegebenenfalls die Exemplare so halbieren, dass gerade Stücke entstehen. Anderenfalls wird das Gemüse nur in Streifen geschnitten. Das dickere Ende dabei immer an den Dornen der Kurbel anbringen.

Spiralen kürzen: Die Endlos-Spiralen sehen toll aus, allerdings können überlange Gemüsenudeln das Essen unnötig komplizieren. Deshalb die Spaghetti am besten während des Schneidens auf eine passende Länge kürzen.

LANGE UND KURZE SPIRALEN

Welche Obst- und Gemüsesorten eignen sich für die Herstellung von Nudeln?

Es gibt eine Vielzahl an Obst und Gemüse, das sich zu Nudeln verarbeiten lässt. Einige Sorten benötigen etwas mehr Zeit an Vorbereitung, andere lassen sich schnell einspannen und sind im Handumdrehen „spiralisiert". Sobald Sie den Dreh raushaben, können Sie selbst mit verschiedenen Sorten experimentieren und Ihrer Kreativität freien Lauf lassen. Die nachfolgende Auflistung gibt einen Überblick, welche Sorten sich eignen und wie sie zu Gemüsenudeln verarbeitet werden:

Gemüsesorten

Aubergine: Aufgrund ihres weicheren Fruchtfleisches sollte die Aubergine nicht im Ganzen verarbeitet werden, da es sonst eher Krümel als Spaghetti gibt. Zuerst daher die Enden gerade abschneiden, dann die Frucht halbieren, damit sie stabil im Spiralschneider fixiert werden kann. Dann mit etwas Druck und auch Fingerspitzengefühl gleichmäßig kurbeln.

Das Einsalzen vor der Weiterverarbeitung entzieht das im Fruchtfleisch reichlich enthaltene Wasser. Anschließend die Auberginennudeln unter fließendem kalten Wasser abspülen, gut abtropfen lassen und mit einem Küchenpapier gründlich trocken tupfen.

Brokkoli: Bei den Gemüsenudeln ist der Stiel, der normalerweise ein Schattendasein spielt, der Star der Küche. Wichtig ist es deshalb beim Einkauf auf einen dicken Stiel zu achten. Die Röschen knapp am Ende abschneiden, den Stiel schälen und die Enden abschneiden, dabei das obere Ende möglichst knapp. Mit dem unteren Ende vorne am Spiralschneider fixieren. Aufgrund des dünneren Durchmessers entstehen neben Nudeln auch einige Streifen.

Gurke: Die Salatgurke ist ruckzuck in Gemüsenudeln verwandelt; einfach schälen, die Enden abschneiden und halbieren – schon geht's los.

Kartoffel: Ideal sind große dicke sowie festkochende Kartoffeln. Die Nudeln eignen sich hauptsächlich fürs Frittieren oder Ausbacken sowie zum Backen im Backofen, sonst brechen sie leicht.

Rosenkohl, Rotkohl oder Weißkohl können mit dem Spiralschneider zwar aufgrund ihrer Struktur nicht in Nudelform, dafür ruckzuck in feine Streifen geschnitten werden. Die äußeren Blätter entfernen, den Strunk daranlassen, damit die Blätter nicht auseinanderfallen und gleichmäßig mit leichtem Druck kurbeln.

Kohlrabi: Das knackige Fruchtfleisch ist prima für den Spiralschneider geeignet. Die Enden gerade abschneiden und den Kohlrabi schälen. Als Rohkost, gekocht oder gratiniert machen die Kohlrabinudeln immer eine gute Figur.

Kürbis: Unter der harten Schale des flaschenförmigen Butternusskürbisses steckt buttrig-feines Fruchtfleisch, das sich ideal zu Gemüsenudeln verarbeiten lässt. Das bauchige untere Drittel enthält das Kerngehäuse, das vor der Verwendung einfach abgeschnitten werden kann. Anschließend den restlichen Kürbis schälen, sowie das obere Ende ebenfalls gerade abschneiden und je nach Größe das Fruchtfleisch nochmals halbieren. Alternativ kann bei kleineren Exemplaren der Kürbis auch ganz bleiben. Dann den Kürbis schälen, nur das obere Ende abschneiden und bis zum Kerngehäuse Nudeln schneiden; so wird das Maximum an Fruchtfleisch ausgenutzt.

Möhre: Neben der Zucchini auch ein Klassiker bei den Gemüsenudeln, da sie schnell und unkompliziert verarbeitet werden kann. Dazu die Möhren einfach schälen und die Enden gerade abschneiden. Mit ihrem feinsüßlichen Geschmack und ihren unterschiedlichen Farben wie gelb, orangefarben oder violett verfeinern Möhrennudeln pikante und süße Gerichte.

Pastinake: Das nussige Wurzelgemüse benötigt etwas mehr Vorbereitung. Zuerst schälen und dann das schmale Wurzelende so weit abschneiden, dass das Fruchtfleisch dick genug ist um lange Spaghetti zu schneiden.

Petersilienwurzel: Die aromatisch-würzige Wurzelpetersilie bereichert mit ihrem intensiven Geschmack diverse Gerichte. Deshalb lohnt es sich, nach großen dicken Exemplaren Ausschau zu halten. Die Verarbeitung erfolgt wie bei der Pastinake.

Radieschen: Die kleinen scharfen Radieschen sorgen mit hübschen Kringeln für mehr Pepp auf dem Teller. Die Verarbeitung ist einfach – die Enden abschneiden. Bevorzugen Sie große Radieschen.

Rettich: Ob rot, weiß oder schwarz, das Fruchtfleisch ist immer weiß und überzeugt mit seiner leichten Verarbeitung. Einfach schälen und die Enden gerade abschneiden.

Rote Bete: Die intensiv leuchtende Rübe ist ideal für den Spiralschneider, einfach schälen und die Enden abschneiden. Für die Verarbeitung am besten Küchenhandschuhe tragen, da die Knollen stark färben. Auch als gelbe oder rot-weiß gekringelte Bete ein Nudel-Highlight auf dem Teller.

Sellerie: Das würzige Knollengemüse ist ein perfekter Nudelersatz. Den Sellerie schälen und die Enden gerade abschneiden; vor allem das untere Ende großzügig entfernen, da es oft sehr verholzt ist.

Steckrübe: Die Steckrübennudeln haben einen angenehm süßlichen Geschmack. Zudem ist die gelbe Rübe auch einfach in der Handhabung; die Enden gerade abschneiden und schälen. Wählen Sie kleinere Exemplare, die großen sind meist sehr verholzt. Eine lohnenswerte Entdeckung sind auch Mairüben oder Teltower Rübchen.

Süßkartoffel: Die orangefarbenen Knollen haben ein süßliches Aroma und bereichern als Gemüsenudeln viele Gerichte. Die Süßkartoffel schälen, die Enden gerade abschneiden und schon ist sie einsatzbereit.

Zucchini: Zoodles sind vielseitig verwendbar und können roh, gekocht oder als süße Variante gegessen werden. Allerdings benötigen Zucchininudeln etwas mehr Vorbereitung. Die Enden abschneiden und das Gemüse zu Nudeln schneiden. Anschließend salzen und Wasser ziehen lassen. Danach mit fließendem Wasser abspülen, gut abtropfen lassen und mit Küchenpapier gründlich trocken tupfen. Alternativ: Wer Zeit hat, kann die Zucchininudeln für etwa 20 Minuten bei 95 °C im Backofen „schwitzen" lassen, um den Nudeln die Feuchtigkeit zu entziehen. Anschließend mit einem Küchenpapier trocken tupfen.

Zwiebel: Große Zwiebeln können mit dem Spiralschneider ruckzuck in feine Streifen geschnitten werden.

Obstsorten

Apfel: Zur Verfeinerung von herzhaften Gerichten, aber auch für süße Speisen sind Äpfel perfekt für den Spiralschneider geeignet. Einfach den Stiel entfernen, gegebenenfalls die Enden gerade abschneiden und kurbeln. Alternativ mit einem Kerngehäuseausstecher vorher das Kerngehäuse entfernen.

Birne: Die Birne lässt sich ebenfalls einfach zu Obstnudeln verarbeiten. Wählen Sie Früchte mit festem, nicht zu saftigem Fruchtfleisch. Das schmale Ende gerade abschneiden und vorne im Spiralschneider fixieren.

Kaki: Die süßen, leuchtenden Fruchtnudeln peppen jede Nachspeise auf. Wählen Sie große Exemplare sowie die festfleischige Sorte „Sharonfrucht", sie besitzt zudem eine dünnere Schale.

Nashi: Das milde knackige Fruchtfleisch der Nashi-Birne ist eine lohnenswerte Entdeckung und lässt sich wie ein Apfel prima zu Obstnudeln verarbeiten.

Quitte: Das feste Fruchtfleisch der Quitte braucht etwas mehr Druck bei der Herstellung von Nudeln. Gegebenenfalls die Früchte halbieren, falls sie in der Mitte zu holzig sind und das holzige Ende hinten fixieren. Ferner können die Nudeln nur gegart verwendet werden. Der herbsüßliche Geschmack der Obstnudeln schmeckt prima in und zu Nachspeisen.

--------ROH

--- ROH ---

Kopfsalat-Wrap
mit Erdnuss-Dip

Für 8 Wraps
Zubereitungszeit: ca. 25 Minuten

FÜR DEN ERDNUSS-DIP:
120 g Erdnussmus
Saft von 1 Limette
abgeriebene Schale von
½ unbehandelten Limette
1 EL Agavendicksaft
Salz
½ TL getrocknete Chiliflocken

FÜR DIE WRAPS:
8 Blätter Kopfsalat
1 Gurke
1 weißer Rettich
1 Bund Radieschen
50 g Erdnüsse

1.
Für den Erdnuss-Dip alle Zutaten mit 60 ml Wasser verquirlen, bis alles eine sämige Konsistenz hat.

2.
Die Kopfsalatblätter waschen und trocken schütteln. Die Gurke und den Rettich schälen, die Enden abschneiden und das Gemüse halbieren. Die Radieschen waschen und putzen.

3.
Gurke, Radieschen und Rettich mit dem Spiralschneider in dünne Spaghetti schneiden, Gurken- und Rettichspaghetti zwischendurch kürzen. Alles auf den Kopfsalatblättern verteilen. Die Erdnüsse darauf verteilen und je mit 1 EL Erdnuss-Dip beträufeln.

4.
Die Seiten vom Kopfsalat einschlagen und vom Strunk alles zu einem Wrap aufrollen. Mit einem Zahnstocher fixieren und die Wraps mit dem restlichen Erdnuss-Dip servieren.

ZUSÄTZLICH ZUM ERDNUSS-DIP SCHMECKT ZU DEN WRAPS AUCH DIE KORIANDERSAUCE VON SEITE 20 SEHR GUT.

--- ROH ---

Rotkohl-Granatapfel-Salat
mit Kohlrabispaghetti

Für 4 Portionen
Zubereitungszeit: ca. 35 Minuten

FÜR DEN SALAT:
1 Rotkohl (ca. 1 kg)
½ TL Salz
1 TL Zucker
2 Knollen Kohlrabi
1 Granatapfel
60 g Cashewkerne

FÜR DAS DRESSING:
Saft von 2 Orangen (ca. 200 ml)
4 EL Himbeeressig
2 EL Maiskeimöl
1 TL Ras el Hanout

1.
Vom Rotkohl die äußeren Blätter entfernen. Den Kohl vierteln, dabei den Strunk entfernen und alles in sehr feine Streifen schneiden. Alternativ das Strunkende gerade abschneiden und den Rotkohl mit dem Spiralschneider in feine Streifen schneiden. Dafür den Kohl gut im Spiralschneider fixieren und mit Fingerspitzengefühl drehen. Das Kraut mit Salz und Zucker vermischen, gut durchkneten und bis zur weiteren Verwendung ziehen lassen.

2.
Den Kohlrabi schälen, die Enden abschneiden und mit dem Spiralschneider in dünne Spaghetti schneiden. Die Nudeln zwischendurch kürzen. Den Granatapfel vierteln und die Kerne herauslösen. Die Cashewkerne grob hacken.

3.
Für das Dressing alle Zutaten verquirlen und mit dem Rotkohl vermischen. Die Kohlrabispaghetti vorsichtig unter das Rotkraut mischen, sonst färben sie sich rosa. Die Granatapfel- und die Cashewkerne darüberstreuen.

FÜR DIE VERARBEITUNG VON ROTKOHL UND GRANATAPFEL KÜCHENHANDSCHUHE TRAGEN, UM VERFÄRBUNGEN ZU VERMEIDEN.

— ROH —

Vietnamesische Sommerrollen mit Gemüsespaghetti

Für 8 Stück
Zubereitungszeit: ca. 45 Minuten

FÜR DIE ROLLEN:
3 Möhren (z. B. gelbe, orangefarbene oder violette)
½ Gurke
1 gelbe Paprikaschote
8 Stängel Koriander
8 Blätter Reispapier (ø 22 cm)

FÜR DIE SAUCE:
3 Stängel Koriander
1 Knoblauchzehe
1 Chilischote
4 EL helle Sojasauce
1 TL Zucker
1 EL Reisessig
Pfeffer

1.
Die Möhren und die Gurke schälen, die Enden abschneiden und mit dem Spiralschneider in dünne Spaghetti schneiden. Zwischendurch die Nudeln kürzen. Die Paprikaschoten waschen, putzen und dünne Stifte schneiden. Den Koriander waschen, trocken schütteln und die Blätter abzupfen.

2.
Eine flache Schale, etwas größer als die Reispapierblätter, mit Wasser füllen. Daneben ein Küchentuch ausbreiten. Die Reispapierblätter einzeln in das Wasser tauchen und ca. 1 Minute einweichen. Dann vorsichtig auf dem Tuch ausbreiten und mittig mit etwas Gemüsenudeln, Paprika und Koriander belegen. Das Reispapier seitlich einschlagen und längs aufrollen.

3.
Für die Sauce den Koriander waschen, trocken schütteln und fein hacken. Die Knoblauchzehe schälen und fein hacken. Die Chilischote längs aufschneiden, putzen, waschen und klein hacken. Alles mit Sojasauce, Zucker, Essig und etwas Pfeffer verrühren. Die Sommerrollen mit der Sauce servieren.

— ROH —

Bunter Coleslaw
mit Tahin-Dressing

Für 4 Portionen
Zubereitungszeit: ca. 25 Minuten

FÜR DEN SALAT:
½ Weißkohl
½ Rotkohl
1 rote Paprikaschote
1 gelbe Paprikaschote
1 Bund Frühlingszwiebeln
2 mittelgroße Möhren
2 EL schwarzer Sesam

FÜR DAS DRESSING:
1 kleine Knoblauchzehe
Saft von 1 Zitrone
60 g Tahin (Sesammus)
1–2 EL Ahornsirup
Salz
Pfeffer

1.
Vom Weißkohl und Rotkohl die äußeren Blätter entfernen, den Kohl halbieren und dabei den Strunk entfernen. Alles in feine Streifen schneiden. Die Paprikaschoten putzen, waschen und trocken tupfen. In dünne Streifen schneiden. Die Frühlingszwiebeln putzen, waschen und schräg in Ringe schneiden. Die Möhren schälen, die Enden abschneiden und mit dem Spiralschneider in dünne Spaghetti schneiden, zwischendurch kürzen.

2.
Für das Dressing die Knoblauchzehe schälen und fein hacken. Mit den restlichen Zutaten sowie 50 ml Wasser verrühren, bis die Masse eine sämige Konsistenz hat.

3.
Das Gemüse in einer großen Schüssel mit dem Tahin-Dressing vermischen. Den schwarzen Sesam darüberstreuen und sofort servieren.

WEISSKOHL UND ROTKOHL KÖNNEN AUCH MIT DEM SPIRALSCHNEIDER IN DÜNNE STREIFEN GESCHNITTEN WERDEN. DAZU DEN KOHL HORIZONTAL HALBIEREN UND DIE UNTERE HÄLFTE IM SPIRALSCHNEIDER VERWENDEN.

— ROH —

Zoodles-Salat
mit Roquefort und Walnüssen

Für 4 Portionen
Zubereitungszeit: ca. 25 Minuten

2 große Zucchini
(ca. 500 g)
Salz
50 g in Öl eingelegte,
getrocknete Tomaten
50 g Walnüsse
50 g Roquefort
1 Knoblauchzehe
150 g Schafsjoghurt
Saft von ½ Zitrone
Pfeffer

1.
Die Zucchini waschen, die Enden abschneiden und mit dem Spiralschneider in dünne Spaghetti schneiden, zwischendurch die Nudeln kürzen. Die Zucchininudeln salzen und beiseitestellen.

2.
Die getrockneten Tomaten auf Küchenpapier abtropfen lassen und anschließend in dünne Streifen schneiden. Die Walnüsse grob hacken. Den Roquefort klein würfeln. Den Knoblauch schälen und fein hacken und mit dem Schafsjoghurt und dem Zitronensaft verrühren. Den Roquefort und die getrockneten Tomaten unterrühren. Mit Salz und Pfeffer abschmecken.

3.
Die Zucchininudeln mit kaltem Wasser abspülen und abtropfen lassen. Mit der Roquefort-Sauce auf Tellern anrichten. Mit den Walnüssen bestreuen und sofort servieren.

STATT DES SCHÄRFEREN FRANZÖSISCHEN ROQUEFORT AUS SCHAFSMILCH KÖNNEN SIE AUCH DEN MILDEREN ITALIENISCHEN GORGONZOLA ODER DEN NUSSIGEN ENGLISCHEN STILTON VERWENDEN.

--- ROH ---

Griechischer Salat
mit Gemüsenudeln und Schafskäse

Für 4 Portionen
Zubereitungszeit: ca. 25 Minuten

FÜR DEN SALAT:
200 g Schafskäse
100 g Kirschtomaten
4 Stängel Minze
2 rote Zwiebeln
2 Gurken
1 Bund Radieschen

FÜR DAS DRESSING:
3 EL Olivenöl
2 EL Aceto balsamico
1 EL Dijonsenf
1 EL Honig
Salz
Pfeffer

1.
Den Schafskäse klein würfeln. Die Tomaten waschen, trocknen, putzen und vierteln. Die Minze waschen, trocken schütteln, die Blätter abzupfen und fein hacken. Die Zwiebeln und die Gurken schälen, die Enden abschneiden. Die Radieschen waschen und putzen. Zwiebel und Radieschen mit dem Spiralschneider in dünne Gabelspaghetti schneiden. Die Gurke in breite Bandnudeln schneiden, zwischendurch die Gurkennudeln kürzen.

2.
Für das Dressing alle Zutaten mit 4 EL Wasser verquirlen. Mit Salz und Pfeffer würzen.

3.
Die Gurkennudeln auf Teller anrichten, den Schafskäse und die Tomaten darauf verteilen und mit den Radieschennudeln und den Zwiebelstreifen belegen. Die Minze darüberstreuen, mit dem Dressing beträufeln und servieren.

--- ROH ---

Spaghettisalat
aus Apfel und Roter Bete mit Ziegenkäse

Für 4 Portionen
Zubereitungszeit: ca. 25 Minuten

FÜR DEN SALAT:
2 kleine Äpfel
2 Rote Beten
Saft von ½ Zitrone
60 g Walnüsse
150 g Ziegenkäserolle
200 g Feldsalat

FÜR DIE VINAIGRETTE:
5 EL Olivenöl
3 EL Weißweinessig
2 TL Dijonsenf
1–2 EL Ahornsirup
Salz
Pfeffer

1.
Die Äpfel und Rote Beten schälen und die Enden abschneiden. Zuerst die Äpfel und dann die Rote Beten mit dem Spiralschneider in dünne Spaghetti schneiden. Die Nudeln zwischendurch kürzen. Die Apfelnudeln mit Zitronensaft beträufeln.

2.
Die Walnüsse grob zerkleinern. Den Ziegenkäse in Scheiben schneiden. Den Feldsalat verlesen, putzen und gründlich waschen. Danach trocken schleudern und auf Tellern anrichten. Die Apfel- und Rote-Bete-Nudeln daraufgeben, den Ziegenkäse darüberlegen und mit den Walnüssen bestreuen.

3.
Für das Dressing alle Zutaten verquirlen, über den Salat träufeln und sofort servieren.

--- ROH ---

Marinierte Kürbisspaghetti mit Ricotta

Für 4 Portionen
Zubereitungszeit: ca. 35 Minuten

FÜR DIE SPAGHETTI:
60 g Kürbiskerne
10 Salbeiblätter
1 Butternusskürbis (ca. 600 g)
Salz
250 g Ricotta

FÜR DIE MARINADE:
4 EL Olivenöl
3 EL Apfelessig
1 TL Dijonsenf
1 EL Honig
Salz
Pfeffer

AUSSERDEM:
3–4 EL Kürbiskernöl zum Servieren

1.
Die Kürbiskerne in einer beschichteten Pfanne ohne Fett rösten, dann beiseitestellen. Den Salbei waschen und grob hacken. Den Butternusskürbis halbieren und schälen. Das obere Ende abschneiden. Mit dem Spiralschneider in dünne Spaghetti schneiden, zwischendurch die Nudeln kürzen. Die Kürbisspaghetti ca. 1 Minute in Salzwasser blanchieren, abseihen, abschrecken und abtropfen lassen.

2.
Für die Marinade Öl, Essig, Senf und Honig verquirlen. Mit Salz und Pfeffer würzen.

3.
Die Kürbisspaghetti mit der Marinade vermischen und auf Tellern anrichten. Den Ricotta in Kleksen darüber verteilen. Mit Kürbiskernen und Salbei bestreuen, das Kürbiskernöl darüberträufeln und servieren.

> LECKER SCHMECKEN AUCH ANGERÖSTETE KÜRBISKERNE, DIE VOR DEM SERVIEREN ÜBER DIE KÜRBISSPAGHETTI GESTREUT WERDEN.

--- ROH ---

Tandoori-Hähnchenbrust
mit Möhrenspaghetti

Für 4 Portionen
Zubereitungszeit: ca. 30 Minuten
Marinierzeit: ca. 2 Stunden
Backzeit: ca. 35 Minuten

FÜR DIE HÄHNCHENBRÜSTE:
4 Hähnchenbrüste
(à 150 g, ohne Haut)
250 g Naturjoghurt
(3,5 % Fett)
4 EL Tandoori-Masala-Gewürzmischung
(Paste)
Salz

FÜR DEN SALAT:
4 große Möhren
(ca. 250 g)
Saft von 1 Orange
abgeriebene Schale von ½ unbehandelten Orange
4 EL Apfelessig
2 EL Sesamöl
4 EL Olivenöl
Salz
½ Bund Petersilie
2 EL weißer Sesam
2 EL schwarzer Sesam

1.
Die Hähnchenbrüste unter fließendem kalten Wasser abspülen und trocken tupfen. Den Joghurt mit der Gewürzmischung verrühren und das Huhn gut damit einreiben. Das Fleisch in eine Schale legen, die komplette Joghurtmischung zugeben und zugedeckt 2 Stunden im Kühlschrank marinieren.

2.
Für die Möhrenspaghetti die Möhren schälen, halbieren und die Enden abschneiden. Mit dem Spiralschneider in dünne Spaghetti schneiden. Für das Dressing den Orangensaft und -abrieb mit Essig, beiden Ölsorten und etwas Salz verquirlen. Dressing und Möhrenspaghetti vermischen und kurz ziehen lassen.

3.
Den Backofen auf 200 °C vorheizen. Ein Backblech mit Alufolie auslegen. Die Hähnchenbrüste aus der Marinade nehmen und mit der restlichen Marinade bestreichen. Auf die Alufolie legen und auf der mittleren Schiene 15 Minuten backen. Die Temperatur auf 220 °C (Grillfunktion) erhöhen und das Fleisch weitere 15–20 Minuten grillen.

4.
Die Petersilie waschen, trocken schütteln, die Blätter abzupfen und fein hacken. Unter den Möhrensalat mischen und mit weißem und schwarzem Sesam bestreuen. Das Tandoori-Hühnchen mit dem Möhrenspaghetti-Sesam-Salat servieren.

--- ROH ---

Rote Spaghetti
mit Orangenfilets und Quinoatalern

Für 4 Portionen
Zubereitungszeit: ca. 45 Minuten

FÜR DEN SALAT:
4 Blätter Grünkohl
2 Orangen
2 Rote Beten

FÜR DAS DRESSING:
5 EL Olivenöl
3 EL Weißweinessig
2 TL Dijonsenf
2 EL Preiselbeermarmelade
100 ml frisch gepresster Orangensaft
Salz
Pfeffer

FÜR CA. 8 QUINOATALER:
2 Eier
Salz
50 g geriebener Parmesan
40 g Quinoa-Pops
Salz
Pfeffer
3 EL Butter
2 EL gehackte Petersilie

1.
Von den Kohlblättern den Strunk abschneiden. Die Blätter gründlich abspülen, trocken schütteln und in Stücke zupfen oder in Streifen schneiden. Die Orangen schälen und filetieren. Die Rote Beten schälen, die Enden abschneiden und mit dem Spiralschneider in dünne Spaghetti schneiden, zwischendurch die Nudeln kürzen (Küchenhandschuhe tragen!).

2.
Für das Dressing Öl, Essig, Senf, Marmelade und Orangensaft miteinander verquirlen, mit Salz und Pfeffer abschmecken.

3.
Für die Quinoataler die Eier trennen. Das Eiweiß mit Salz steif schlagen. Das Eigelb mit dem Parmesan und den Quinoa-Pops verrühren. Mit Salz und Pfeffer würzen. Den Eischnee und die Petersilie unterheben und alles gut vermischen. In einer Pfanne die Butter erhitzen und mit einem Teelöffel kleine Taler in die Pfanne setzen. Von beiden Seiten 4–5 Minuten goldbraun anbraten.

4.
Den Grünkohl auf Tellern anrichten, die Orangenfilets und die Rote-Bete-Nudeln daraufgeben und mit dem Dressing beträufeln. Die Quinoataler darauf verteilen und sofort servieren.

--- ROH ---

Kaki-Spaghetti
mit Granatapfel und Beerensauce

Für 4 Portionen
Zubereitungszeit: ca. 30 Minuten

100 g gemischte Beeren (TK)
2 EL Puderzucker
4 EL Kokos-Chips
4 EL Pistazien
4 große Kaki (à ca. 150 g)
1 Granatapfel

1.
Für die Beerensauce die Beeren auftauen lassen und mit dem Puderzucker pürieren. Durch ein feines Sieb streichen, um die Kerne zu entfernen.

2.
Die Kokos-Chips in einer Pfanne ohne Fett anrösten. Die Pistazien grob hacken. Die Kaki waschen, nach Belieben schälen, putzen und mit dem Spiralschneider in dünne Spaghetti schneiden. Die Nudeln zwischendurch kürzen. Den Granatapfel halbieren, die Schale auseinanderbrechen und die Kerne herauslösen (Küchenhandschuhe tragen!).

3.
Die Kaki-Spaghetti in Spiralen auf Teller anrichten. Die Granatapfelkerne, Kokos-Chips und Pistazien darüberstreuen. Mit der Beerensauce beträufeln und sofort servieren.

> WER MAG, KANN ZU DEM DESSERT NOCH EIN SCHOKOLADENMOUSSE ZUBEREITEN. BESONDERS FEIN DAZU: EINES AUS WEISSER SCHOKOLADE.

--- ROH ---

Nashi- und Apfelspaghetti
mit Ricottacreme

Für 4 Portionen
Zubereitungszeit: ca. 25 Minuten

200 ml Sahne
250 g Ricotta
100 g Magerquark
30 g Puderzucker
Schale und Saft von
1 unbehandelten Zitrone
2 große Nashi-Birnen
(à ca. 150 g)
1 Apfel
(ca. 150 g)
100 g Himbeeren
4 EL Honig

1.

Für die Creme die Sahne steif schlagen. Den Ricotta mit dem Magerquark und dem Puderzucker glatt rühren, mit Zitronenschale abschmecken. Zuletzt die Sahne unterheben. Die Ricottacreme bis zum Servieren kühl stellen.

2.

Die Nashi-Birnen und den Apfel waschen, den Stiel entfernen und die Früchte mit dem Spiralschneider in dünne Spaghetti schneiden. Die Obstnudeln zwischendurch kürzen und mit Zitronensaft beträufeln.

3.

Die Hälfte der Ricottacreme auf vier Gläser verteilen. Ein paar Nashi-Spaghetti und Himbeeren für die Dekoration beiseitelegen. Die restlichen Nashi- und Apfelnudeln sowie Himbeeren auf der Creme verteilen. Die übrige Ricottacreme darübergeben, mit den restlichen Nashi-Spaghetti und Himbeeren belegen und mit dem Honig beträufeln.

— KOCHEN, DÜNSTEN & POCHIEREN

— KOCHEN, DÜNSTEN & POCHIEREN —

Cremige Suppe mit Kohlrabispaghetti und Räucherforelle

Für 4 Portionen
Zubereitungszeit: ca. 25 Minuten

2 große Knollen Kohlrabi (à ca. 500 g)
1 Zwiebel
2 EL Butter
250 ml Weißwein
800 ml Gemüsebrühe
200 ml Sahne
2 EL frisch gehackter Dill
Saft von ½ Zitrone
Salz
Pfeffer
200 g geräucherte Forellenfilets

1.
Den Kohlrabi schälen, die Enden abschneiden und mit dem Spiralschneider in dünne Spaghetti schneiden, zwischendurch die Nudeln kürzen. Die Zwiebel schälen und fein würfeln.

2.
In einem großen Topf die Butter erhitzen. Die Zwiebel 2–3 Minuten anschwitzen. Mit Weißwein und Gemüsebrühe aufgießen und alles aufkochen lassen. Die Kohlrabinudeln hinzugeben und ca. 6 Minuten bei kleiner Hitze köcheln, bis die Nudeln weich, aber noch bissfest sind.

3.
Die Sahne dazugeben, die Suppe einmal aufkochen und mit Dill, Zitronensaft, Salz und Pfeffer abschmecken. Die Suppe in tiefe Teller verteilen und mit Räucherforelle servieren.

> WENN DIE KOHLRABIKNOLLEN NOCH SCHÖNES GRÜN HABEN, KÖNNEN DIE BLÄTTER NATÜRLICH AUCH MITVERWENDET WERDEN. EINFACH WASCHEN, IN STREIFEN SCHNEIDEN UND MIT DEN KOHLRABISPAGHETTI IN DEN TOPF GEBEN.

Misosuppe
mit schwarzen Rettichnudeln

Für 4 Portionen
Zubereitungszeit: ca. 25 Minuten

2 Knollen schwarzer Rettich
50 g Shiitakepilze
1 kleiner Bund Frühlingszwiebeln
100 g weicher Tofu
1 EL Wakame Algen (instant)
3 EL gelbe Misopaste

1.
Die Rettichknollen schälen, die Enden abschneiden und mit dem Spiralschneider in dünne Spaghetti schneiden, zwischendurch kürzen. Von den Shiitakepilzen die Stiele entfernen und die Kappen in dünne Scheiben schneiden. Die Frühlingszwiebeln putzen, waschen und in dünne Ringe schneiden. Den Tofu grob würfeln.

2.
In einem großen Topf 1 Liter Wasser aufkochen, die Pilze zugeben und 2 Minuten kochen. Wakame und Tofu dazugeben und den Topf vom Herd nehmen.

3.
Die Misopaste mit etwas Suppe glatt rühren und anschließend in die Suppe rühren. Die Rettichnudeln und die Frühlingszwiebeln dazugeben. In tiefe Teller verteilen und sofort servieren.

Thai-Kokos-Curry
mit Gemüsenudeln

Für 4 Portionen
Zubereitungszeit: ca. 40 Minuten

1 kleiner Butternusskürbis
(ca. 400 g)
1 Süßkartoffel
(ca. 400 g)
1 große Zucchini
(ca. 250 g)
1 Bund Koriandergrün
100 g Erdnüsse
1 Knoblauchzehe
1 Zwiebel
1 cm frischer Ingwer
3 EL Rapsöl
3 EL rote Currypaste
1 Dose Kokosmilch
(400 ml)
400 ml Gemüsebrühe
1 EL Rohrohrzucker
Salz

1.
Den Kürbis und die Süßkartoffel schälen, den Kürbis am oberen Ende und die Süßkartoffel an beiden Enden abschneiden. Den Kürbis halbieren. Die Zucchini waschen und beide Enden abschneiden. Das Gemüse mit dem Spiralschneider in dünne Spaghetti schneiden, zwischendurch die Nudeln kürzen.

2.
Den Koriander waschen, trocken schütteln, die Blätter abzupfen und fein hacken. Die Erdnüsse grob hacken.

3.
Knoblauch, Zwiebel und Ingwer schälen und fein hacken. Das Öl in einem großen Topf erhitzen und Knoblauch, Zwiebel und Ingwer anschwitzen. Die Currypaste zugeben und mit Kokosmilch und Gemüsebrühe aufgießen. Alles 3–4 Minuten köcheln lassen.

4.
Die Gemüsespaghetti zugeben und das Curry weitere 2–3 Minuten bei kleiner Hitze ziehen lassen. Mit Zucker, Salz und dem gehackten Koriander abschmecken. In tiefen Tellern anrichten und mit Erdnüssen bestreuen.

––– KOCHEN, DÜNSTEN & POCHIEREN –––

Steckrüben-spaghetti
mit Berglinsen und Maronen

Für 4 Portionen
Zubereitungszeit: ca. 40 Minuten

200 g Berglinsen
2 Steckrüben
(à ca. 800 g)
1 Zwiebel
1 Knoblauchzehe
100 g Maronen
(gegart und vakuumverpackt)
1 Bund Petersilie
2 EL Rapsöl
250 ml Gemüsebrühe
Salz
Pfeffer
2 EL Balsamicocreme
1 EL Honig

1.
Die Berglinsen in 400 ml Wasser ca. 20 Minuten bissfest garen. Inzwischen die Steckrüben schälen, die Enden abschneiden und mit dem Spiralschneider in dünne Spaghetti schneiden, zwischendurch die Nudeln kürzen. Die Zwiebel und die Knoblauchzehe schälen und fein hacken. Die Maronen klein würfeln. Die Petersilie waschen, trocken schütteln, die Blätter abzupfen und fein hacken.

2.
In einem großen Topf das Öl erhitzen und die Zwiebel mit dem Knoblauch anschwitzen. Die Berglinsen, die Maronen und die Steckrübennudeln zugeben. Mit der Gemüsebrühe aufgießen, aufkochen und 4–5 Minuten köcheln. Mit Salz und Pfeffer würzen. Mit Balsamicocreme und Honig abschmecken. Auf Tellern anrichten, mit Petersilie bestreuen und sofort servieren.

> DIE ROTBRAUNEN BERGLINSEN SIND ETWAS KLEINER, FESTER UND AROMATISCHER ALS TELLERLINSEN. WIE ALLE LINSEN SOLLTEN SIE NICHT SPRUDELND GEKOCHT WERDEN, DA SIE SONST AUFPLATZEN.

Zucchini-Linguine mit frischer Avocado-Tomaten-Salsa

Für 4 Portionen
Zubereitungszeit: ca. 35 Minuten

FÜR DIE LINGUINE:
4 große Zucchini (ca. 1 kg)
Salz

FÜR DIE AVOCADO-TOMATEN-SALSA:
1 Knoblauchzehe
2 reife Avocados
400 g Mini-Romatomaten
3 EL Olivenöl
Saft von 1 Limette
1 TL gemahlener Kreuzkümmel
1 EL fein gehacktes Koriandergrün
Salz
Pfeffer

1.
Die Zucchini waschen, halbieren, die Enden abschneiden und mit dem Spiralschneider in flache Nudeln schneiden, zwischendurch die Nudeln kürzen. Die Zucchini-Linguine salzen und beiseitestellen.

2.
Für die Salsa die Knoblauchzehe schälen und fein hacken. Die Avocados halbieren und vom Kern befreien. Das Fruchtfleisch mit einem Esslöffel herauslösen und klein würfeln. Die Tomaten waschen, trocknen, putzen und vierteln. Alles in einer großen Schüssel vermischen. Mit Olivenöl, Limettensaft, Kreuzkümmel und Koriandergrün würzen. Mit Salz und Pfeffer abschmecken.

3.
Die Zucchininudeln mit kaltem Wasser abspülen und abtropfen lassen. In einem Topf reichlich Wasser erhitzen und die Zucchininudeln 2–3 Minuten blanchieren. Abseihen und die Zucchini-Linguine auf Tellern verteilen. Mit der Avocado-Tomaten-Salsa vermischen und sofort servieren.

--- KOCHEN, DÜNSTEN & POCHIEREN ---

Gedämpfter Zander im Wirsingblatt mit Brokkolispaghetti

Für 4 Portionen
Zubereitungszeit: ca. 45 Minuten

8 große Wirsingblätter
Salz
2 große Brokkoli
(à ca. 400 g)
8 Stängel Koriandergrün
½ unbehandelte Zitrone
8 Zanderfilets
(à ca. 80 g)
Pfeffer
2 EL Olivenöl
2 EL Butter
200 g Crème fraîche

1.
Die Wirsingblätter in Salzwasser kurz blanchieren, abseihen, abschrecken und abtropfen lassen. Den Brokkoli putzen und die Röschen vom Stiel abtrennen. Die Stiele schälen und mit dem Spiralschneider in dünne Spaghetti schneiden. Die Röschen waschen und mundgerecht zerteilen. Die Röschen in Salzwasser ca. 1 Minute blanchieren, abgießen, abschrecken und abtropfen lassen.

2.
Den Koriander waschen, trocken schütteln und die Blätter abzupfen. Die Zitrone heiß waschen, trocknen und in Scheiben schneiden. Die Zanderfilets abspülen, trocken tupfen und halbieren. Mit Salz und Pfeffer würzen. Die Wirsingblätter auslegen, die dicke Mittelrippe ausschneiden und je ein halbes Filet darauflegen. Die Brokkolinudeln darübergeben, mit der anderen Filethälfte belegen und mit Korianderblättern bestreuen. Die Seiten der Wirsingblätter einschlagen, alles einrollen und mit einem Zahnstocher fixieren.

3.
In einem weiten Topf mit Dämpfeinsatz ausreichend Wasser, Salz und Zitronenscheiben geben. Die Wirsingpäckchen in den Einsatz legen und zugedeckt 12–14 Minuten dämpfen.

4.
In einer Pfanne Olivenöl und Butter erhitzen, die Brokkoliröschen schwenken und die Crème fraîche unterrühren. Mit Salz und Pfeffer abschmecken. Die Wirsingpäckchen auf Tellern anrichten und mit den Brokkoliröschen servieren.

--- KOCHEN, DÜNSTEN & POCHIEREN ---

Gelbe Zoodles alle Vongole

Für 4 Portionen
Zubereitungszeit: ca. 45 Minuten

4 gelbe Zucchini
(ca. 800 g)
Salz
1 Bund Petersilie
1 Zwiebel
2 Knoblauchzehen
1 kg Herzmuscheln
2 EL Olivenöl
¼ l Weißwein
Pfeffer

1.
Die Zucchini waschen, die Enden abschneiden und mit dem Spiralschneider in dünne Spaghetti schneiden, zwischendurch die Nudeln kürzen. Die Zucchininudeln salzen und beiseitestellen.

2.
Die Petersilie waschen, trocken schütteln und fein hacken. Die Zwiebel und den Knoblauch schälen und fein hacken. Die Muscheln unter fließendem kaltem Wasser gut abbürsten. Schon geöffnete Muscheln aussortieren.

3.
Das Olivenöl in einem großen Topf erhitzen und Zwiebel und Knoblauch anschwitzen. Den Weißwein dazugießen und die Muscheln zugeben. Zugedeckt bei starker Hitze 5–8 Minuten garen, dabei immer wieder am Topf rütteln. Geschlossene Muscheln aussortieren. Mit Salz und Pfeffer abschmecken.

4.
Die Zucchini unter fließendem Wasser abspülen, gut abtropfen lassen und gründlich trocken tupfen. Zu den Muscheln geben und 1 Minute mitgaren. Nochmals abschmecken, mit Petersilie bestreuen und sofort servieren.

> AUSSERHALB DER MUSCHELSAISON KÖNNEN AUCH 500 G GARNELEN FÜR DIESES GERICHT VERWENDET WERDEN.

— KOCHEN, DÜNSTEN & POCHIEREN —

Pochiertes Rinderfilet
mit Kohlrabi-Grünkohl-Pasta

Für 4 Portionen
Zubereitungszeit: ca. 55 Minuten

FÜR DAS RINDERFILET:
1 Bund Suppengrün
2 Lorbeerblätter
2 Zweige Thymian
5 Pfefferkörner
Salz
Pfeffer
600 g Rinderfilet
grobes Meersalz

FÜR DIE PASTA:
2 mittelgroße Knollen Kohlrabi (à ca. 300 g)
4 Blätter Grünkohl
30 g geröstete Macadamianüsse
2 EL Butter
2 EL Olivenöl
Saft von 1 Orange
Salz
Pfeffer

1.
Das Suppengrün waschen, putzen und klein schneiden. Ca. 3 Liter Wasser aufkochen, Suppengrün, Lorbeer, Thymian und Pfefferkörner zugeben und bei mittlerer Hitze ca. 20 Minuten köcheln lassen. Durch ein Sieb abseihen und nochmals erhitzen. Mit Salz und Pfeffer würzen. Das Rinderfilet zugeben und 20 Minuten unter dem Siedepunkt ziehen lassen.

2.
Den Kohlrabi schälen, die Enden abschneiden und mit dem Spiralschneider in dünne Spaghetti schneiden, zwischendurch die Nudeln kürzen. Von den Kohlblättern den Strunk abschneiden. Die Blätter abspülen, trocken schütteln und in Stücke zupfen oder in Streifen schneiden. Die Macadamianüsse grob hacken.

3.
In einer Pfanne die Butter und das Olivenöl erhitzen, die Kohlrabispaghetti und den Grünkohl zugeben und 6–8 Minuten unter Rühren braten. Mit Orangensaft ablöschen und mit Salz und Pfeffer würzen.

4.
Die Kohlrabi-Grünkohl-Spaghetti auf Teller anrichten und mit Macadamianüssen bestreuen. Das Rinderfilet in Scheiben schneiden, mit grobem Meersalz und Pfeffer würzen und dazu servieren.

--- KOCHEN, DÜNSTEN & POCHIEREN ---

Spaghetti aus Süßkartoffeln
mit Mangold und Oliven

Für 4 Portionen
Zubereitungszeit: ca. 35 Minuten

3 große Süßkartoffeln
(ca. 1 kg)
1 Knoblauchzehe
1 Zwiebel
1 kleiner Kopf Mangold
(ca. 400 g)
50 g Oliven
2 EL Olivenöl
2 Dosen stückige Tomaten
(800 g)
Salz
Pfeffer
1 Prise Zucker
1 TL getrockneter Oregano

1.
Die Süßkartoffeln schälen, die Enden abschneiden und mit dem Spiralschneider in dünne Spaghetti schneiden, zwischendurch die Nudeln kürzen.

2.
Den Knoblauch und die Zwiebel schälen und fein hacken. Den Mangold waschen und putzen. Die Stiele am Blattansatz abschneiden und klein würfeln. Die Blätter halbieren und in ca. 1 cm feine Streifen schneiden. Die Oliven klein schneiden.

3.
Das Öl in einer Pfanne erhitzen, Zwiebel, Knoblauch und Mangoldstiele 4–5 Minuten anschwitzen. Die Tomatenstücke und die Oliven zugeben, mit Salz, Pfeffer, Zucker und Oregano würzen und ca. 5 Minuten köcheln lassen. Dann die Mangoldblätter zugeben und weitere 6 Minuten kochen. In den letzten 2–3 Minuten Garzeit die Süßkartoffelspaghetti zugeben. Nochmals abschmecken und auf Tellern anrichten.

——— BRATEN & AUSBACKEN

— BRATEN & AUSBACKEN —

Kokossuppe
mit Möhrenspaghetti und Garnelen

Für 4 Portionen
Zubereitungszeit: ca. 35 Minuten

1 Bund Petersilie
1 Zwiebel
600 g Möhren
4 EL Olivenöl
1 TL gemahlener Koriander
1 TL Kurkumapulver
400 ml Gemüsebrühe
400 ml Kokosnussmilch
Salz
Pfeffer
200 g rohe Garnelen
(küchenfertig vorbereitet)
1 TL Currypulver
½ TL Cayennepfeffer

1.
Die Petersilie waschen, trocken schütteln, die Blätter abzupfen und fein hacken. Die Zwiebel schälen und fein hacken. Die Möhren schälen, die Enden abschneiden und mit dem Spiralschneider in dünne Spaghetti schneiden, zwischendurch die Nudeln kürzen.

2.
In einem Topf 2 EL Olivenöl erhitzen und die Zwiebel anschwitzen. Die Möhrenspaghetti, Koriander und Kurkuma zugeben und kurz mitbraten. Mit Gemüsebrühe und Kokosnussmilch aufgießen, aufkochen und 2–3 Minuten köcheln lassen. Mit Salz und Pfeffer abschmecken.

3.
In einer Pfanne das restliche Olivenöl erhitzen. Die Garnelen, das Currypulver und den Cayennepfeffer zugeben und 2–3 Minuten braten.

4.
Die Suppe in tiefen Tellern anrichten. Die Garnelen darauf verteilen und mit Petersilie bestreuen. Sofort servieren.

––– BRATEN & AUSBACKEN –––

Spaghetti
aus Roter Bete und Pastinaken mit Hummus

Für 4 Portionen
Zubereitungszeit: ca. 25 Minuten
Bratzeit: ca. 20 Minuten

FÜR DIE SPAGHETTI:
4 Pastinaken
(ca. 500 g)
4 Rote Beten
(ca. 500 g)
6–8 EL Olivenöl
Salz
Pfeffer

FÜR DEN HUMMUS:
6 Stängel Koriandergrün
250 g Kichererbsen (aus der Dose)
50 g Tahin (Sesammus)
1 Knoblauchzehe
2 EL Olivenöl
Saft von 1 Limette
Salz
Pfeffer

1.
Den Backofen auf 180 °C vorheizen. Zwei Backbleche mit Backpapier auslegen. Pastinaken und Rote Beten schälen und die Enden abschneiden (Küchenhandschuhe tragen).

2.
Zuerst die Pastinaken, dann die Beten mit dem Spiralschneider in dünne Spaghetti schneiden, zwischendurch die Nudeln kürzen. Die Spaghetti jeweils auf dem Backblech verteilen und mit Olivenöl beträufeln. Mit Salz und Pfeffer würzen. Im Backofen 20–25 Minuten braten.

3.
Für den Hummus das Koriandergrün waschen, trocken schütteln, die Blätter abzupfen und fein hacken. Die Kichererbsen abspülen, abtropfen lassen und grob pürieren. Tahin und 50 ml Wasser unterrühren, bis alles eine sämige Konsistenz hat. Die Knoblauchzehe schälen und dazudrücken. Das Olivenöl, den Limettensaft und den Koriander unterrühren. Mit Salz und Pfeffer abschmecken.

4.
Die gebratenen Pastinaken- und Rote-Beten-Spaghetti mit dem Hummus servieren.

— BRATEN & AUSBACKEN —

Tofu in Süßkartoffelhülle
mit scharfer Tomatensalsa

Für 4 Portionen
Zubereitungszeit: ca. 40 Minuten

FÜR DIE TOMATENSALSA:
600 g Tomaten
1 Bund Koriandergrün
1 Bund Frühlingszwiebeln
2 Chilischoten
3 EL Olivenöl
1 EL Zitronensaft
1 TL Zucker
Salz
Pfeffer

FÜR DEN TOFU:
400 g Tofu
(2 Scheiben à 200 g)
2 mittelgroße Süßkartoffeln
(à ca. 300 g)
Salz

AUßERDEM:
1 l neutrales Pflanzenöl zum Frittieren

1.
Für die Salsa die Tomaten waschen, putzen und das Fruchtfleisch klein würfeln. Den Koriander waschen, trocken schütteln, die Blätter fein hacken. Die Frühlingszwiebeln waschen, putzen und ebenfalls fein hacken. Die Chilischoten waschen, den Stielansatz entfernen und Schoten mit den Kernen fein schneiden. Alles in einer Schüssel vermischen. Olivenöl, Zitronensaft und Zucker unterrühren. Mit Salz und Pfeffer abschmecken. Bis zum Servieren kühl stellen.

2.
Den Tofu abspülen und trocken tupfen. Die Scheiben jeweils vierteln und jedes Viertel nochmals halbieren, so dass 16 Streifen entstehen. Die Süßkartoffeln schälen, die Enden abschneiden und mit dem Spiralschneider in dünne Spaghetti scheiden. Die Tofustreifen einzeln mit den Süßkartoffelspaghetti umwickeln, die Enden jeweils nach innen gefaltet fixieren.

3.
In einem Topf das Öl erhitzen. Die umwickelten Tofustücke ins Öl geben (Vorsicht Spritzgefahr!). Den Tofu 3–4 Minuten goldbraun frittieren, dabei einmal wenden. Aus dem Öl nehmen und auf einem Küchenpapier abtropfen lassen. Nach Belieben salzen. Mit der Tomatensalsa servieren.

DIE RESTLICHEN SÜSSKARTOFFELSPAGHETTI EBENFALLS FRITTIEREN UND DAZU SERVIEREN ODER FÜR DIE SÜSSKARTOFFELSPAGHETTI MIT MANGOLD VON SEITE 58 VERWENDEN.

––– BRATEN & AUSBACKEN –––

Lamm
mit Möhren-Rosenkohl-Spaghetti

Für 4 Portionen
Zubereitungszeit: ca. 40 Minuten

FÜR DAS GEMÜSE:
250 g Rosenkohl
300 g Möhren
5 EL Sesamöl
3 EL Sojasauce
Saft von 1 Limette
1 Prise Zucker
1 Prise Salz

FÜR DAS LAMM:
600 g ausgelöster Lammrücken
Salz
Pfeffer
2 EL Butter
2 EL Sesam

1.
Den Backofen auf 100 °C vorheizen. Den Rosenkohl putzen und mit dem Spiralschneider in dünne Streifen schneiden. Die Möhren schälen, die Enden abschneiden und mit dem Spiralschneider in dünne Spaghetti schneiden, zwischendurch die Nudeln kürzen.

2.
Für die Marinade 3 EL Sesamöl mit Sojasauce, Limettensaft, Zucker und Salz vermischen. Die Möhrenspaghetti und Rosenkohlstreifen mit der Marinade vermischen und 5 Minuten ziehen lassen.

3.
Das Lammfleisch salzen und pfeffern. Das restliche Öl in einer Pfanne erhitzen und das Lamm beidseitig scharf anbraten, herausnehmen und im Backofen ca. 10 Minuten fertig garen.

4.
Im Bratenrückstand die Butter schmelzen, die Möhrenspaghetti und die Rosenkohlstreifen mit Marinade dazugeben und 3–4 Minuten braten.

5.
Das Lamm in Längsscheiben schneiden und mit den Rosenkohl-Möhren-Spaghetti anrichten. Mit Sesam bestreut servieren.

> ALTERNATIV DEN ROSENKOHL PUTZEN UND AM STIEL KREUZWEISE EINSCHNEIDEN. IN WENIG SALZWASSER ZUGEDECKT CA. 15 MINUTEN DÜNSTEN, DANN ABTROPFEN LASSEN UND ZUM BRATEN MIT DEN MÖHREN IN DIE PFANNE GEBEN.

--- BRATEN & AUSBACKEN ---

Spaghetti-Puffer
aus Pastinaken und Kürbis mit scharfem Minze-Dip

Für 4 Portionen
Zubereitungszeit: ca. 50 Minuten

FÜR DEN MINZE-DIP:
6 Stängel Minze
½ Bund Petersilie
250 g Joghurt
100 g saure Sahne
1–2 EL Harissapaste
Salz
½ TL gemahlener Kreuzkümmel

FÜR DIE PUFFER:
4 Pastinaken (ca. 500 g)
1 kleiner Butternusskürbis (ca. 500 g)
3 Eier
3 EL Mehl
½ TL Salz
Pfeffer

1.
Für den Minze-Dip die Minze und die Petersilie waschen, trocken schütteln, die Blätter abzupfen und fein hacken. Joghurt und saure Sahne verrühren, die Harissapaste und die Kräuter untermischen. Mit Salz und Kreuzkümmel würzen.

2.
Für die Puffer die Pastinaken und den Kürbis schälen. Den Kürbis gegebenenfalls halbieren. Alles mit dem Spiralschneider in dünne Spaghetti schneiden, zwischendurch die Nudeln kürzen. Die Spaghetti in einer großen Schüssel mischen. Die Eier, das Mehl, Salz und etwas Pfeffer gründlich verrühren und alles gut vermischen.

3.
In einer beschichteten Pfanne das Fett erhitzen. Mit der Gabel kleine Puffer aufdrehen, in die Pfanne geben und flach streichen. Die Puffer portionsweise bei mittlerer Hitze 6–8 Minuten schwimmend ausbacken, dabei einmal wenden. Sofort mit dem Minze-Dip servieren.

— BRATEN & AUSBACKEN —

Zoodles
alla carbonara

Für 4 Portionen
Zubereitungszeit: ca. 40 Minuten

4 mittlere Zucchini
(ca. 800 g)
Salz
2 Knoblauchzehen
150 g Pancetta
(alternativ Frühstücksspeck)
1 Handvoll Basilikumblätter
4 ganz frische Eier
80 g geriebener Parmesan
80 g geriebener Pecorino
3 EL Olivenöl
Pfeffer

1.
Die Zucchini waschen, die Enden abschneiden und mit dem Spiralschneider in dünne Spaghetti schneiden, zwischendurch die Nudeln kürzen. Die Zucchininudeln salzen und beiseitestellen.

2.
Die Knoblauchzehen schälen und fein hacken. Den Speck fein würfeln. Basilikum waschen und trocken schütteln. Die Eier mit der Hälfte des geriebenen Käses verquirlen. Die Zucchininudeln unter fließendem kalten Wasser abspülen, gut abtropfen lassen und mit einem Küchenpapier gründlich trocken tupfen.

3.
In einer großen Pfanne das Olivenöl erhitzen, Knoblauch und Speck glasig anschwitzen. Die Zucchininudeln in die Pfanne geben und ca. 2 Minuten anbraten. Die Pfanne vom Herd ziehen und die Eiermasse zufügen. Alles schnell vermischen, dabei sollen die Eier nicht stocken, sondern eine cremige Sauce ergeben. Mit Salz und Pfeffer würzen.

4.
Die Zucchini-Carbonara auf Teller verteilen, mit dem Basilikum und dem restlichen Käse bestreuen und sofort servieren.

> STREUEN SIE AUCH EINMAL GERÖSTETE PINIENKERNE ÜBER DAS GERICHT. SIE SORGEN FÜR CRUNCH UND NUSSIGES AROMA.

— BRATEN & AUSBACKEN —

Violette Möhrenspaghetti
mit Hummus-Sesam-Sauce

Für 4 Portionen
Zubereitungszeit: ca. 40 Minuten

FÜR DIE SPAGHETTI:
1 kg violette Möhren
(z. B. Violette oder Purple Haze)
1 Bund Frühlingszwiebeln
2 EL weißer Sesam
2 EL schwarzer Sesam
3 EL Sesamöl

FÜR DIE SAUCE:
1 Knoblauchzehe
200 g Kichererbsen
(aus der Dose)
1 EL Tahin (Sesammus)
Saft von ½ Zitrone
2 EL Olivenöl
2 EL Sojasauce
200 g Crème fraîche
Salz
Pfeffer

1.
Die Möhren schälen, die Enden abschneiden und mit dem Spiralschneider in dünne Spaghetti schneiden, zwischendurch die Nudeln kürzen. Die Frühlingszwiebeln putzen, waschen und schräg in dünne Scheiben schneiden. Die Sesamsamen in einer Pfanne ohne Fett rösten.

2.
Für die Hummus-Sauce den Knoblauch schälen und fein hacken. Mit Kichererbsen, Tahin, Zitronensaft, Olivenöl, Sojasauce und 4–5 EL Wasser im Standmixer oder mit dem Pürierstab cremig pürieren. Die Crème fraîche unterrühren und mit Salz und Pfeffer abschmecken.

3.
In einer Pfanne das Sesamöl erhitzen und die Möhrenspaghetti 4–5 Minuten anbraten. Die Pfanne vom Herd nehmen und die Hummus-Sauce unterrühren. Die Möhrenspaghetti auf Teller anrichten, mit Frühlingszwiebeln und Sesam bestreuen und sofort servieren.

Etwas leichter wird das Saucen-Rezept, wenn statt der Crème fraîche Naturjoghurt verwendet wird.

--- BRATEN & AUSBACKEN ---

Auberginen-Burger
mit Süßkartoffel-Bun

Für 4 Portionen (4 Burger)
Zubereitungszeit: ca. 50 Minuten

1 kleine Aubergine
Salz
3 Eier
6 EL Semmelbrösel
3 EL geriebener Parmesan
2 EL Mehl
Pfeffer
1 Kugel Mozzarella
1 große Süßkartoffel
(ca. 450 g)
4 EL Sahne
1 Handvoll Rucola
1 große Tomate

1.
Den Backofen auf 200 °C vorheizen. Zwei Backbleche mit Backpapier auslegen. Die Aubergine waschen, putzen, in 8 ca. 1 cm dicke Scheiben schneiden und salzen. 1 Ei in einem tiefen Teller verquirlen. Die Semmelbrösel mit dem Parmesan vermischen und mit dem Mehl auf zwei weitere Teller geben.

2.
Die Auberginenscheiben abspülen, abtropfen lassen und trocken tupfen. Mit Salz und Pfeffer würzen und zuerst im Mehl wenden, dann durch das verquirlte Ei ziehen und zuletzt in den Semmelbröseln wälzen. Auf das Backblech legen und im Backofen auf der mittleren Schiene ca. 10 Minuten backen. Den Mozzarella hacken. Die Auberginenscheiben wenden, mit dem Mozzarella belegen und ca. 15 Minuten fertig backen.

3.
Die Süßkartoffel schälen, die Enden abschneiden und mit dem Spiralschneider in dünne Spaghetti schneiden. Die restlichen Eier mit der Sahne verquirlen und mit Salz und Pfeffer würzen. Auf das Backpapier die Süßkartoffelspaghetti spiralförmig und kompakt zu acht Kreisen (8 cm) legen und flach drücken. Gründlich mit dem verquirlten Ei bestreichen, dabei einmal wenden und wieder flach drücken. Im Backofen auf der mittleren Schiene ca. 15 Minuten backen, dabei einmal wenden.

4.
Den Rucola waschen, putzen, trocken schütteln und in mundgerechte Stücke zupfen. Die Tomate waschen, putzen und in 4 Scheiben schneiden. Für den Burger portionsweise ein Süßkartoffel-Bun mit etwas Rucola, 1 Auberginenscheibe, 2 Tomatenscheiben und 1 weiteren Auberginenscheibe belegen. Mit 1 Süßkartoffel-Bun abschließen und sofort servieren.

--- BRATEN & AUSBACKEN ---

Zitronige Brokkolispaghetti mit Salbei

Für 4 Portionen
Zubereitungszeit: ca. 25 Minuten

1 kg Brokkoli
(mit dickem Stiel)
Salz
1 Handvoll Salbeiblätter
30 ml Olivenöl
2 EL Butter
200 ml Sahne
200 Crème fraîche
3 EL frisch gepresster
Zitronensaft
Zitronenpfeffer

1.
Den Brokkoli putzen und die Röschen vom Stiel abtrennen. Die Stiele schälen und mit dem Spiralschneider in dünne Spaghetti schneiden. Die Röschen waschen und recht klein zerteilen. In Salzwasser ca. 1 Minute blanchieren, abgießen, abschrecken und abtropfen lassen.

2.
Den Salbei waschen und trocken tupfen. In einer großen Pfanne Olivenöl und Butter erhitzen, die Brokkolispaghetti und den Salbei unter Rühren ca. 3 Minuten braten. Die Sahne und Crème fraîche einrühren und die Brokkoliröschen zugeben. Weitere 3 Minuten kochen. Mit Zitronensaft, Salz und Zitronenpfeffer abschmecken. Auf Tellern anrichten und sofort servieren.

> SCHON GEWUSST? KOCHSAHNE IST ZUM KOCHEN WUNDERBAR GEEIGNET UND ENTHÄLT NUR HALB SO VIEL FETT WIE HERKÖMMLICHE SAHNE.

--- BRATEN & AUSBACKEN ---

Spaghetti
aus Knollensellerie mit Rucola-Pesto und Shrimps

Für 4 Portionen
Zubereitungszeit: ca. 40 Minuten

FÜR DAS PESTO:
50 g Pinienkerne
1 Knoblauchzehe
150 g Rucola
Salz
Pfeffer
50 g frisch geriebener Parmesan
ca. 100 ml Olivenöl

FÜR DIE SPAGHETTI:
2 Knollen Sellerie (à ca. 800 g)
3 EL Olivenöl
200 g geschälte vorgekochte Shrimps oder Krabben

1.
Für das Pesto die Pinienkerne in einer Pfanne ohne Fett rösten. Den Knoblauch schälen und fein hacken. Den Rucola waschen, putzen, trocken schütteln und grob zerkleinern.

2.
Rucola, Pinienkerne, Salz und Pfeffer in einen Mörser geben. Mit dem Stößel zerreiben, bis eine Paste entsteht. Den Parmesan untermischen. In einem dünnen Strahl das Olivenöl einrühren, bis das Pesto die gewünschte Konsistenz hat. Nochmals abschmecken.

3.
Den Sellerie schälen, die Enden abschneiden und mit dem Spiralschneider in dünne Spaghetti schneiden, zwischendurch die Nudeln kürzen.

4.
In einer Pfanne das Olivenöl erhitzen, die Nudeln und die Shrimps zugeben und 3-4 Minuten von allen Seiten braten. Das Pesto untermischen und die Spaghetti mit den Shrimps auf Tellern anrichten.

WER KEINEN MÖRSER BESITZT, KANN DAS PESTO AUCH MIT DEM PÜRIERSTAB MIXEN.

— BRATEN & AUSBACKEN —

Kardamom-Milchreis
mit Karamellisierten Kaki-Spaghetti

Für 4 Portionen
Zubereitungszeit: ca. 35 Minuten

FÜR DEN MILCHREIS:
1 l Milch
1 Prise Salz
250 g Rundkornreis (Milchreis)
1 TL gemahlener Kardamom
2–3 EL Honig

FÜR DIE KAKI-SPAGHETTI:
2 große Kaki (à ca. 150 g)
60 g Butter
50 g Zucker

AUSSERDEM:
60 g Mandelstifte

1.
Für den Milchreis die Milch mit dem Salz in einem Topf zum Kochen bringen. Rundkornreis und Kardamom in die Milch geben und bei schwacher Hitze ca. 30 Minuten ausquellen lassen. Dabei gelegentlich umrühren. Den fertigen Milchreis mit Honig süßen und auf tiefe Teller oder Gläser verteilen.

2.
Inzwischen die Kaki waschen, die Enden abschneiden und mit dem Spiralschneider in dünne Spaghetti schneiden, zwischendurch die Nudeln kürzen. In einer Pfanne die Butter erhitzen, den Zucker zugeben und schmelzen. Die Nudeln hinzufügen und ca. 1 Minute schwenken. Die Kaki-Spaghetti auf dem Milchreis verteilen, mit Mandelstiften bestreuen und sofort servieren.

> DIE KAKI-NUDELN NUR KURZ ERHITZEN, SONST BRECHEN SIE.

--- BRATEN & AUSBACKEN ---

Pancakes
mit Quittenspaghetti und Ahornsirup

Für 8 Pancakes
Zubereitungszeit: ca. 40 Minuten

80 g Pinienkerne
2 Eier
1 Prise Salz
200 ml Milch
150 g Mehl
1 TL Backpulver
1 Quitte (ca. 300 g)
Saft von ½ Zitrone
4 EL Butter
3 EL Zucker
50 ml Ahornsirup

AUSSERDEM:
Butter zum Braten

1.
Die Pinienkerne in einer beschichteten Pfanne ohne Fett rösten und beiseitestellen. Für den Teig die Eier trennen. Das Eiweiß mit Salz steif schlagen. Das Eigelb mit Milch, Mehl und Backpulver verrühren. Den Eischnee unterheben und den Teig bis zur weiteren Verwendung quellen lassen.

2.
Die Quitte schälen, die Enden abschneiden und mit dem Spiralschneider in dünne Spaghetti schneiden. Mit dem Zitronensaft beträufeln.

3.
In einer beschichteten Pfanne 2 EL Butter erhitzen, die Quittennudeln zugeben und mit dem Zucker bestreuen. Unter Rühren kurz karamellisieren, aus der Pfanne nehmen und beiseitestellen.

4.
In derselben Pfanne 2 EL Butter erhitzen, je Pfannkuchen 1 EL Teig hineingeben und einige Quittennudeln darauf verteilen. Backen, bis die Unterseite leicht braun ist, dann wenden und fertig backen. Die restlichen Pancakes ebenso zubereiten.

5.
Die Pancakes mit Pinienkernen bestreuen und mit Ahornsirup beträufeln, dann sofort servieren.

> DIE QUITTE HAT IM VERGLEICH ZU APFEL UND BIRNE EIN HÄRTERES FRUCHTFLEISCH. BEIM SPIRALSCHNEIDEN MIT DRUCK, ABER MIT FINGERSPITZENGEFÜHL VORGEHEN.

— BRATEN & AUSBACKEN —

Birnenspaghetti
im Bierteig

Für 4 Portionen
Zubereitungszeit: ca. 45 Minuten

FÜR DIE SPAGHETTI:
2 große feste Birnen
(à ca. 250 g)
Saft von 1 Zitrone

FÜR DEN BIERTEIG:
3 Eier
1 Prise Salz
250 ml Bier
200 g Mehl
abgeriebene Schale von
1 unbehandelten Zitrone

FÜR DEN ZIMTZUCKER:
5 EL Zucker
1 TL Zimt

AUSSERDEM:
4 Kugeln Vanilleeis
zum Servieren
Butterschmalz
zum Ausbacken

1.
Die Birnen mit dem Spiralschneider in dünne Spaghetti schneiden. Mit dem Zitronensaft beträufeln.

2.
Für den Bierteig die Eier trennen. Das Eiweiß mit Salz steif schlagen. Das Eigelb mit dem Bier verquirlen. Mehl und Zitronenabrieb dazugeben und alles rasch zu einem dickflüssigen Teig verarbeiten. Den Eischnee unterheben.

3.
In einer Pfanne Butterschmalz erhitzen. Mit einer Gabel die Birnenspaghetti zu Nestern drehen, durch den Bierteig ziehen und im heißen Fett schwimmend goldbraun ausbacken. Auf Küchenpapier abtropfen lassen.

4.
Zucker und Zimt vermischen und über die heißen Birnenspaghetti streuen. Mit Vanilleeis servieren.

WENN SICH DIE BIRNENSPAGHETTI NICHT AUFDREHEN LASSEN, DANN EINFACH AUF EINE SCHAUMKELLE SCHICHTEN, DURCH DEN BIERTEIG ZIEHEN UND IN DIE PFANNE GEBEN.

------- BACKEN

--- BACKEN ---

Selleriespaghetti-Flans mit Mangold

Für 4 Portionen
Zubereitungszeit: ca. 30 Minuten
Backzeit: ca. 30 Minuten

FÜR DIE FLANS:
1 kleine Knolle Sellerie
(ca. 250 g Spaghetti)
Saft von ½ Zitrone
1 Zweig Rosmarin
3 Eier
120 g Crème fraîche
abgeriebene Schale von
½ unbehandelten Zitrone
Salz
Pfeffer

FÜR DAS MANGOLDGEMÜSE:
1 Kopf Mangold
(ca. 600 g)
1 Zwiebel
1 Knoblauchzehe
2 EL Olivenöl
Salz
Pfeffer

AUßERDEM:
4 feuerfeste Förmchen
(ca. 150 ml)
Butter zum Ausfetten

1.
Den Backofen auf 180 °C vorheizen. Ein tiefes Backblech mit Wasser füllen und in die zweite Schiene von unten im Backofen stellen. Vier Förmchen mit Butter ausfetten.

2.
Den Sellerie schälen, die Enden abschneiden und mit dem Spiralschneider in dünne Spaghetti schneiden. Die Nudeln zwischendurch kürzen. Mit dem Zitronensaft beträufeln. Die Rosmarinnadeln abzupfen und fein hacken. Die Eier mit Crème fraîche und Zitronenschale verquirlen. Mit Rosmarin, Salz und Pfeffer würzen.

3.
Die Selleriespaghetti in die Förmchen verteilen und die Eiermischung darübergießen. Im Backofen im heißen Wasserbad 25–30 Minuten backen.

4.
Inzwischen den Mangold waschen und putzen. Die Stiele am Blattansatz abschneiden und klein würfeln. Die Blätter halbieren und in ca. 1 cm feine Streifen schneiden. Die Zwiebel und den Knoblauch schälen und fein hacken.

5.
Das Öl in einer Pfanne erhitzen. Zwiebel, Knoblauch und Mangoldstiele 5–6 Minuten anschwitzen. Dann die Mangoldblätter zugeben und weitere 6 Minuten dünsten. Mit Salz und Pfeffer abschmecken.

6.
Die Flans aus den Förmchen lösen und auf Tellern anrichten. Mit dem Mangoldgemüse servieren.

--- BACKEN ---

Nudelnester
aus gelben Möhren mit bunten Tomaten

Für 12 Stück
Zubereitungszeit: ca. 25 Minuten
Backzeit: ca. 25 Minuten

1 Bund Schnittlauch
500 g gelbe Möhren
150 g kleine bunte Tomaten
1 Mozzarella
3 Eier
100 ml Sahne
50 g geriebener Parmesan
Salz
Pfeffer

AUSSERDEM:
Butter zum Ausfetten

1.
Den Backofen auf 180 °C vorheizen. Die Mulden eines Muffinblechs mit Butter ausfetten. Den Schnittlauch waschen, trocken schütteln und in Röllchen schneiden. Die Möhren schälen, die Enden abschneiden, halbieren und mit dem Spiralschneider in dünne Spaghetti schneiden. Die Nudeln zwischendurch kürzen. Die Tomaten waschen, trocknen, putzen und vierteln. Den Mozzarella klein zupfen.

2.
Die Eier mit der Sahne, dem Parmesan und der Hälfte der Schnittlauchröllchen verquirlen. Mit Salz und Pfeffer würzen.

3.
Die Möhrennudeln zu Nestern formen und in die Mulden der Muffinform legen. Die Tomaten darauf verteilen. Die Eiermischung darübergießen und alles mit Mozzarella belegen. Im Backofen auf der mittleren Schiene 20–25 Minuten goldbraun backen. Zum Servieren mit den restlichen Schnittlauchröllchen bestreuen.

--- BACKEN ---

Kartoffelspaghetti-Lasagne mit Blattspinat

Für 4 Portionen
Zubereitungszeit: ca. 60 Minuten

1 kg große festkochende Kartoffeln
3 EL Olivenöl
Salz
Pfeffer
1 Kugel Mozzarella
500 g frischer Blattspinat
1 Zwiebel
1 Knoblauchzehe
frisch geriebene Muskatnuss

1.
Den Backofen auf 180 °C vorheizen. Ein Backblech mit Backpapier auslegen. Die Kartoffeln schälen und mit dem Spiralschneider in dünne Spaghetti schneiden, zwischendurch die Nudeln kürzen. Die Kartoffelnudeln mit 2 Esslöffeln Olivenöl vermischen und mit Salz und Pfeffer würzen. Auf dem Backpapier verteilen und gut andrücken. Auf der mittleren Schiene im Backofen 40–45 Minuten knusprig backen.

2.
Den Mozzarella abtropfen lassen und in Scheiben schneiden. Auf der Hälfte der Kartoffelnudeln verteilen und weitere 10–15 Minuten backen.

3.
Inzwischen den Blattspinat putzen, waschen und nicht zu gründlich abtropfen lassen. Die Zwiebel und Knoblauchzehe schälen und fein hacken. In einem großen Topf das restliche Olivenöl erhitzen und Zwiebel und Knoblauch anschwitzen. Den noch feuchten Spinat zugeben und ca. 2 Minuten zusammenfallen lassen. Mit Salz, Pfeffer und Muskatnuss würzen, über einem feinmaschigen Sieb abtropfen lassen, dabei gründlich ausdrücken.

4.
Die Kartoffelnudeln in 8 Lasagneblätter schneiden, dazu die Platte mit einem scharfen Messer vierteln und jedes Viertel nochmals halbieren. Portionsweise 1 Lasagneblatt, darauf Blattspinat und darüber 1 Lasagneblatt mit Mozzarella anrichten und sofort servieren.

— BACKEN —

Pizza aus Kürbisspaghetti
mit Manouri und Pinienkernen

Für 12 Stücke
(Springform ø 24 cm)
Zubereitungszeit: ca. 45 Minuten

1 Butternusskürbis
(ca. 800 g)
2 Eier
2 EL Kichererbsenmehl
Salz
Pfeffer
200 g Manouri
(griechischer Frischkäse)
125 g Rucola
3 EL Pinienkerne

1.
Den Backofen auf 180 °C vorheizen. Die Springform mit Backpapier auslegen. Den Kürbis schälen, das obere Ende abschneiden, halbieren und mit dem Spiralschneider in dünne Spaghetti schneiden.

2.
Die Kürbisspaghetti mit den verquirlten Eiern und dem Kichererbsenmehl gut vermischen. Mit Salz und Pfeffer würzen, in die Springform füllen und fest andrücken. Auf der mittleren Schiene im Backofen ca. 20 Minuten backen. Den Manouri darüberbröckeln und weitere 15 Minuten backen.

3.
Den Rucola verlesen, waschen und trocken schütteln. Die Pinienkerne in einer Pfanne ohne Fett rösten. Die Kürbispizza mit dem Rucola belegen und mit den Pinienkernen bestreuen. In Kuchenstücke schneiden und sofort servieren.

Manouri ist sahniger, griechischer Frischkäse mit 60–80 % Fett i. Tr. Ersatzweise kann vollfetter Ricotta verwendet werden.

--- BACKEN ---

Frittata
mit Kohlrabispaghetti und Schafskäse

Für 4 Portionen
Zubereitungszeit: ca. 20 Minuten
Backzeit: ca. 40 Minuten

2 kleine Kohlrabi
200 g Kirschtomaten
200 g Schafskäse
½ Bund Petersilie
8 Eier
Salz
Pfeffer

AUSSERDEM:
Butter zum Ausfetten

1.
Den Backofen auf 180 °C vorheizen. Eine Auflaufform ausfetten. Kohlrabi schälen, die Enden abschneiden und mit dem Spiralschneider in dünne Spaghetti schneiden. Die Tomaten waschen, trocknen, putzen und vierteln. Den Schafskäse klein würfeln. Die Petersilie waschen, trocken schütteln und fein hacken. Die Eier verquirlen, mit Salz und Pfeffer würzen und die Petersilie unterrühren.

2.
Die Kohlrabinudeln in die Auflaufform füllen, die Tomaten und den Schafskäse darauf verteilen. Die Eiermasse darübergießen. Im Backofen auf der mittleren Schiene 35–40 Minuten backen, bis die Eiermasse gestockt ist.

ZU SCHADE ZUM WEGWERFEN: IST DAS KOHLRABI-GRÜN NOCH SCHÖN FRISCH, EINFACH WASCHEN, IN STREIFEN SCHNEIDEN UND MIT IN DEN AUFLAUF GEBEN.

--- BACKEN ---

Kabeljau
im Päckchen mit Kohlrabispaghetti

Für 4 Portionen
Zubereitungszeit: ca. 20 Minuten
Backzeit: ca. 15 Minuten

4 Kabeljaufilets
(ca. à 150 g)
2 mittelgroße Knollen Kohlrabi
(ca. à 300 g)
2 rosa Grapefruits
2 Knoblauchzehen
2 cm Ingwer
½ Bund Dill
200 ml trockener Weißwein
Salz
Pfeffer

AUSSERDEM:
Olivenöl zum Bepinseln

1.
Den Backofen auf 200 °C vorheizen. Den Kabeljau waschen und trocken tupfen. Kohlrabi schälen, die Enden abschneiden und mit dem Spiralschneider in dünne Spaghetti schneiden, zwischendurch die Nudeln kürzen. Die Grapefruits filetieren. Den Knoblauch und den Ingwer schälen und in feine Scheiben schneiden. Den Dill waschen, trocken schütteln und fein hacken.

2.
Aus Pergamentpapier vier Rechtecke zurechtschneiden und mit Olivenöl bepinseln. Knoblauch darauf verteilen und die Kabeljaufilets in die Mitte legen. Mit Kohlrabispaghetti, Grapefruits und Ingwerscheiben belegen, mit dem Dill bestreuen und den Wein darübergießen. Mit Salz und Pfeffer würzen.

3.
Das Papier mit Küchengarn sorgfältig zu Päckchen verschließen, auf ein Backblech legen und im Backofen auf der mittleren Schiene etwa 15 Minuten garen. Sofort servieren.

--- BACKEN ---

Saftige Brownies mit Birnenspaghetti

**Für ca. 12 Stück
(Backform 24 x 24 cm)
Zubereitungszeit: ca. 30 Minuten
Backzeit: ca. 35 Minuten**

200 g Zartbitterschokolade
130 g Butter
60 g Pekannüsse
3 mittelgroße Birnen
Saft von ½ Zitrone
125 g Zucker
1 P. Vanillezucker
1 Prise Salz
3 Eier
170 g Mehl
½ P. Backpulver
3 EL Quitten- oder Apfelgelee

AUSSERDEM:
Butter für den Backrahmen

1.
Ein Backblech mit Backpapier auslegen. Einen Backrahmen auf 24 x 24 cm einstellen, mit Butter einfetten und auf das Backblech stellen.

2.
Die Zartbitterschokolade grob zerkleinern und mit der Butter unter Rühren über einem heißen Wasserbad schmelzen. Vom Herd nehmen und kurz abkühlen lassen. Den Backofen auf 170 °C vorheizen.

3.
Die Pekannüsse grob hacken. Die Birnen waschen, die Enden abschneiden und mit dem Spiralschneider in dünne Spaghetti schneiden. Mit dem Zitronensaft beträufeln.

4.
Den Zucker mit dem Vanillezucker, Salz und den Eiern schaumig schlagen, bis eine weißliche Masse entsteht. Unter Rühren die Schokoladen-Butter-Mischung in dünnem Strahl dazuquirlen.

5.
Das Mehl mit dem Backpulver mischen, mit den Pekannüssen zu dem Teig geben und alles gut verrühren. Den Teig in die Backform füllen und glatt streichen. Die Birnenspaghetti zu kleinen Nestern formen und auf dem Teig verteilen, gut andrücken. Im Backofen auf der mittleren Schiene 30–35 Minuten backen.

6.
Das Quittengelee erwärmen und die Birnennester damit bestreichen. Die Brownies abkühlen lassen und in Stücke schneiden.

--- BACKEN ---

Chocolate-Chip-Cookies mit Zucchinispaghetti

Für 16 Cookies
Zubereitungszeit: ca. 35 Minuten
Kühlzeit: ca. 30 Minuten
Backzeit: ca. 15 Minuten

120 g Mehl
½ TL Backpulver
½ TL Natron
1 Prise Salz
70 g feine Haferflocken
120 g weiche Butter
120 g Zucker
1 Ei
50 g Schokoladentropfen
1 mittlere Zucchini
(ca. 160 g)

1.

In einer Schüssel Mehl, Backpulver, Natron, Salz und Haferflocken vermischen. In einer anderen Schüssel Butter und Zucker schaumig schlagen, dann das Ei darunterquirlen. Die Mehlmischung unterrühren und zuletzt die Schokotropfen unterheben. Den Teig im Kühlschrank etwa 30 Minuten kühl stellen.

2.

Den Backofen auf 180 °C vorheizen. Zwei Backbleche mit Backpapier auslegen. Die Zucchini waschen, die Enden abschneiden und mit dem Spiralschneider in dünne Spaghetti schneiden.

3.

Je 1 EL Teig pro Cookie entnehmen und diese mit etwas Abstand auf beide Backbleche verteilen. Flach drücken und die Zucchininudeln dicht spiralförmig auf die Kekse drücken.

4.

Im Backofen auf der mittleren Schiene 13–15 Minuten backen, bis die Kekse goldbraun sind. Auf dem Blech 10 Minuten abkühlen lassen und anschließend zum kompletten Auskühlen auf ein Kuchengitter legen.

Gebackene Apfelnester mit Marzipan

Für 12 Stück
Zubereitungszeit: ca. 30 Minuten
Backzeit: ca. 30 Minuten

4 kleine Äpfel
Saft von ½ Zitrone
100 g Marzipan
3 Eier
40 g Zucker
60 g Rosinen
30 g gestiftete Mandeln

AUßERDEM:
Butter zum Ausfetten

1.
Die Mulden eines Muffinblechs mit Butter ausfetten oder mit Papierförmchen auslegen. Den Backofen auf 180 °C vorheizen.

2.
Die Äpfel waschen, die Enden abschneiden und mit dem Spiralschneider in dünne Spaghetti schneiden. Mit Zitronensaft beträufeln.

3.
Das Marzipan grob reiben. Die Eier mit dem Zucker schaumig schlagen, bis eine weißliche Masse entsteht. Das geriebene Marzipan unterrühren, es muss sich nicht auflösen. Den Teig auf die Muffinförmchen verteilen.

4.
Die Apfelspaghetti zu kleinen Nestern formen und auf den Teig setzen. Die Rosinen und die Mandeln darauf verteilen. Im Backofen auf der mittleren Schiene 25–30 Minuten goldbraun backen. Abkühlen lassen und aus den Mulden heben.

--- BACKEN ---

Möhrenspaghetti-Muffins mit Frischkäse-Frosting

Für 12 Muffins
Zubereitungszeit: ca. 40 Minuten
Backzeit: ca. 35 Minuten
Kühlzeit: ca. 50 Minuten

FÜR DIE MUFFINS:
5 große Möhren (ca. 400 g)
6 Eier
170 g Rohrohrzucker
abgeriebene Schale und Saft von ½ Zitrone
50 g Mehl
250 g gemahlene Mandeln
2 TL Backpulver

FÜR DAS FRISCHKÄSE-FROSTING:
300 g Frischkäse (Zimmertemperatur)
180 g weiche Butter
150 g Puderzucker
1 P. Vanillezucker
1 Prise Salz

AUßERDEM:
60 g gehackte Mandeln
12 Tulpenförmchen (hohe Papierförmchen)

DA DER TEIG BEIM BACKEN AUFGEHT, AM BESTEN TULPENFÖRMCHEN (HOHE PAPIERFÖRMCHEN) VERWENDEN.

1.
Den Backofen auf 180 °C vorheizen. Die Mulden der Muffinform mit Papierförmchen auslegen. Die Möhren schälen, die Enden abschneiden, halbieren und mit dem Spiralschneider in dünne Spaghetti schneiden. Die Nudeln zwischendurch kürzen.

2.
Für den Teig die Eier trennen. Das Eiweiß mit Salz steif schlagen. Das Eigelb mit dem Zucker schaumig schlagen, die Zitronenschale und den -saft unterrühren. Mehl, Mandeln und Backpulver mischen und unter den Teig heben. Den Teig in die Förmchen füllen. Die Möhrenspaghetti spiralförmig auf dem Teig verteilen.

3.
Die Muffins im Backofen auf der mittleren Schiene 30–35 Minuten backen. Aus dem Ofen nehmen und kurz abkühlen lassen. Die Muffins aus der Form nehmen und auskühlen lassen.

4.
Für das Frischkäse-Frosting alle Zutaten zu einer geschmeidigen Masse verrühren. Die Masse in einen Spritzbeutel mit kleiner Tülle füllen und etwa 30 Minuten kühl stellen. Die Creme spiralförmig auf die Muffins spritzen und mit den gehackten Mandeln bestreuen. Vor dem Servieren nochmals etwa 20 Minuten kühl stellen.

REGISTER

A
Apfelnester mit Marzipan, gebackene --- 106
Auberginen-Burger mit Süßkartoffel-Bun --- 76

B
Birnenspaghetti im Bierteig --- 86
Brokkolispaghetti mit Salbei, zitronige --- 78
Brownies mit Birnenspaghetti, saftige --- 103

C
Chocolate-Chip-Cookies mit Zucchinispaghetti --- 104
Coleslaw mit Tahin-Dressing, bunter --- 22

F
Frittata mit Kohlrabispaghetti und Schafskäse --- 98

G
Griechischer Salat mit Gemüsenudeln und Schafskäse --- 26

K
Kabeljau im Päckchen mit Kohlrabispaghetti --- 100
Kaki-Spaghetti mit Granatapfel und Beerensauce --- 36
Kardamom-Milchreis mit karamellisierten Kaki-Spaghetti --- 82
Kartoffelspaghetti-Lasagne mit Blattspinat --- 95
Kokossuppe mit Möhrenspaghetti und Garnelen --- 62
Kopfsalat-Wrap mit Erdnussdip --- 16
Kürbisspaghetti mit Ricotta, marinierte --- 31

L
Lamm mit Möhren-Rosenkohl-Spaghetti --- 68

M
Misosuppe mit schwarzen Rettichnudeln --- 45
Möhrenspaghetti mit Hummus-Sesam-Sauce, violette --- 74
Möhrenspaghetti-Muffins mit Frischkäse-Frosting --- 108

N
Nashi- und Apfelspaghetti mit Ricottacreme --- 38
Nudelnester aus gelben Möhren mit bunten Tomaten --- 92

P
Pancakes mit Quittenspaghetti und Ahornsirup --- 84
Pizza aus Kürbisspaghetti mit Manouri und Pinienkernen --- 96

R
Rinderfilet mit Kohlrabi-Grünkohl-Pasta, pochiertes --- 57
Rotkohl-Granatapfel-Salat mit Kohlrabispaghetti --- 18

S
Selleriespaghetti-Flans mit Mangold --- 90
Sommerrollen mit Gemüsespaghetti, vietnamesische --- 20
Spaghetti aus Knollensellerie mit Rucola-Pesto und Shrimps --- 80
Spaghetti aus Roter Bete und Pastinake mit Hummus --- 64
Spaghetti aus Süßkartoffeln mit Mangold und Oliven --- 58
Spaghetti mit Orangenfilets und Quinoatalern, rote --- 34
Spaghetti-Puffer aus Pastinaken und Kürbis
    mit scharfem Minze-Dip --- 70
Spaghettisalat aus Apfel und Roter Bete mit Ziegenkäse --- 28
Steckrübenspaghetti mit Berglinsen und Maronen --- 48
Suppe mit Kohlrabispaghetti und Räucherforelle, cremige --- 42

T
Tandoori-Hähnchenbrust mit Möhrenspaghetti --- 32
Thai-Kokos-Curry mit Gemüsenudeln --- 46
Tofu in Süßkartoffelhülle mit scharfer Tomatensalsa --- 66

Z
Zander im Wirsingblatt mit Brokkolispaghetti, gedämpfter --- 53
Zoodles alla carbonara --- 73
Zoodles alle Vongole, gelbe --- 54
Zoodles-Salat mit Roquefort und Walnüssen --- 24
Zucchini-Linguine mit frischer Avocado-Tomaten-Salsa --- 50

ZUTATENVERZEICHNIS OBST UND GEMÜSE

A
Apfel --- 13, 28, 38, 106
Aubergine --- 11, 76
Avocado --- 50

B
Beeren --- 36
Birne --- 13, 86, 103
Brokkoli --- 11, 53, 78

F
Feldsalat --- 28
Frühlingszwiebel --- 22, 45, 66, 74

G
Granatapfel --- 18, 36
Grapefruit --- 100
Grünkohl --- 34, 57
Gurke --- 11, 16, 20, 26

H
Himbeeren 38

K
Kaki --- 13, 36, 82
Kartoffel --- 11, 95
Kichererbsen --- 64, 74
Knollensellerie --- 12, 80, 90
Kohlrabi --- 11, 18, 42, 57, 98, 100
Kürbis --- 11, 31, 46, 70, 96

M
Möhre --- 12, 20, 22, 32, 62, 68, 74, 92, 108

N
Nashi --- 13, 38

O
Orange --- 32, 34

P
Paprika --- 20, 22
Pastinake --- 12, 64, 70
Petersilienwurzel --- 12
Pilze --- 45

Q
Quitte --- 13, 84

R
Radieschen --- 12, 16, 26
Rettich --- 12, 16, 45
Rosenkohl --- 11, 68
Rote Bete --- 12, 28, 34, 64
Rotkohl --- 11, 18, 22
Rucola --- 76, 80, 96

S
Spinat --- 95
Steckrübe --- 12, 48
Süßkartoffel --- 12, 46, 58, 66, 76

T
Tomate --- 26, 50, 66, 92, 98

W
Weißkohl --- 11, 22
Wirsing --- 53

Z
Zucchini --- 12, 24, 46, 50, 54, 73, 104

IMPRESSUM

© 2016 Fackelträger Verlag GmbH, Köln
Emil-Hoffmann-Straße 1
D-50996 Köln

Alle Rechte der Verbreitung, auch durch Film, Funk, Fernsehen, fotomechanische Wiedergabe, Tonträger aller Art, auszugsweisen Nachdruck oder Einspeicherung und Rückgewinnung in Datenverarbeitungsanlagen aller Art, sind vorbehalten.

Die Inhalte dieses Buches sind von Autorin und Verlag sorgfältig erwogen und geprüft, dennoch kann eine Garantie nicht übernommen werden. Eine Haftung von Autorin und Verlag für Personen-, Sach- und Vermögensschäden ist ausgeschlossen.

Texte und Rezepte: Christina Wiedemann
Fotografie: Studio Klaus Arras, Köln
Foodstyling: Katja Briol
Layout, Umschlaggestaltung und Satz: Christa Marek, Köln
Redaktion: Eva Neisser
Gesamtherstellung: Fackelträger Verlag GmbH, Köln

ISBN 978-3-7716-4657-8

Printed in Poland

www.fackeltraeger-verlag.de